일본어
잘하고
싶을땐

히라가나
가타카나 부터

DARAKWON

일본어 잘하고 싶을 땐
히라가나 가타카나부터

지은이 정의상
펴낸이 정규도
펴낸곳 (주)다락원

초판 1쇄 발행 2019년 7월 15일
초판 5쇄 발행 2023년 11월 23일

책임편집 한누리, 송화록
디자인 장미연, 박태연
일러스트 강희주, 유재연
사진 shutterstock

다락원 경기도 파주시 문발로 211
내용문의: (02)736-2031 내선 460~465
구입문의: (02)736-2031 내선 250~252
Fax: (02)732-2037
출판등록 1977년 9월 16일 제406-2008-000007호

Copyright © 2019, 정의상

저자 및 출판사의 허락 없이 이 책의 일부 또는 전부를 무단
복제·전재·발췌할 수 없습니다. 구입 후 철회는 회사 내규에
부합하는 경우에 가능하므로 구입 문의처에 문의하시기 바랍
니다. 분실·파손 등에 따른 소비자 피해에 대해서는 공정거
래위원회에서 고시한 소비자 분쟁 해결 기준에 따라 보상 가
능합니다. 잘못된 책은 바꿔 드립니다.

ISBN 978-89-277-1216-9 13730

http://www.darakwon.co.kr

• 다락원 홈페이지를 방문하시면 상세한 출판 정보와 함께 동영상
  강좌, MP3 자료 등 다양한 어학 정보를 얻으실 수 있습니다.

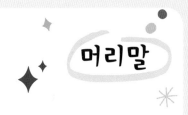

머리말

더 이상 생소한 일본어 가나 문자를 억지로 힘들게 외우려 하지 마세요.
이제는 이미지에 스토리를 입혀 암기하고 머릿속에 떠올려 보세요.

가나 문자의 이미지를 영상이나 그림의 형태를 통해 학습하면 훨씬 쉽고 빠르게
익힐 수 있습니다. 그 영상이나 그림 등의 이미지에 스토리까지 있다면? 가장 효
과적인 이미지 스토리 기억법이 될 것입니다. 스토리를 입힌 문자 이미지가 뇌에
새겨지면서 새로운 자극이 되고, 뇌는 그 자극에 '재미'와 '흥미'를 느끼기 때문에
자연스럽게 암기의 효율성을 높일 수 있습니다.

히라가나는 '움직이는 그림(움짤: *.gif) + 스토리'의 패턴으로 학습합니다. 여러분
은 히라가나 맞춤형 움짤과 그에 녹아 있는 스토리의 융합으로, 무작정 쓰면서 외
워야만 했던 기존의 히라가나 학습 방식과는 전혀 다른 경험을 하게 될 것입니다.

가타카나는 '그림 + 스토리'의 형식으로 학습합니다. 가타카나 각 문자를 자연스
럽게 연상할 수 있는 최적의 그림에 문자를 앉히고, 스토리를 입히는 방식을 도입
하여 가타카나도 쉽게 외울 수 있게 될 것입니다.

모쪼록 이 책이 일본어를 처음 시작하는 학습자나, '아이우에오'만 수차례 암기하
려다 실패하여 일본어 공부를 포기하고 만 학습자들에게 또는 일본 여행에서 가
볍게 쓸 수 있는 간단한 일본어 표현을 배우려는 분들에게 일본어 문자에 흥미를
갖게 함과 동시에 쉽고 재미있게 일본어 문자를 암기할 수 있는 최적의 학습서가
되길 바랍니다.

앞으로도 일본어를 처음 배우는 학습자들이 일본어 가나 문자를 좀 더 쉽게 익힐
수 있도록 좋은 콘텐츠 연구 개발에 힘쓰겠습니다.

저자 **정의상**

이 책의 구성 및 특징

문자

히라가나·가타카나의 모양, 발음, 쓰는
방법을 익힐 수 있습니다.

사 [sa]

획순은 연한 색에서 진한 색으로 이어지는 순서입니다.

손으로 익혀요

이미지로 익힌 문자를 직접 손으로 써보면 한층 더 머릿속에 콕콕 박혀요. 어디
선가 한번쯤 들어본 일본어 단어, 일본어로는 어떻게 쓰는지 확인해 보세요!

눈으로 익혀요

귀여운 캐릭터 '모지(文字)'와 함께 움직이는 그림으로 쉽고 재미나게 히라가나를 학습할 수 있습니다. 각 문자를 자연스럽게 연상할 수 있는 최적의 그림과 함께 가타카나를 학습합니다.

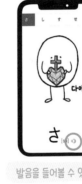

스마트폰으로 QR코드를 스캔하면, 각 글자의 움짤과 그림을 스마트폰으로 볼 수 있는 페이지로 이동합니다.

발음을 들어볼 수 있습니다.

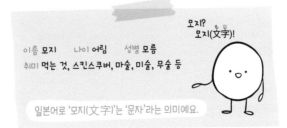

모지?
모지(文字)!

이름 **모지** 나이 **어림** 성별 **모름**
취미 **먹는 것, 스킨스쿠버, 마술, 미술, 무술 등**

일본어로 '모지(文字)'는 '문자'라는 의미예요.

각 히라가나가 들어 있는 유용한
표현을 배워 봅니다.

● 비슷하게 생겼어요   ● 이렇게도 외워 봐요   ● 알아두면 좋아요

일본어 문자를 학습할 때 도움이 되는 내용을 정리했습니다.

어려운 가타카나와
더 빨리 친해지기 코너!

학습이 아니라 놀이하는 마음으로
가볍게, 우리에게 친숙한 외래어를
일본어 가타카나로는 어떻게 쓰는
지 살펴 주세요.

확인문제   앞에서 학습한 히라가나와 가타카나를 잘 기억하
고 있는지 확인해 봅니다.

부록

일본어 문자를 학습할 때 같이 알아두
면 좋은 탁음·반탁음, 요음, 촉음, 장음,
발음에 대해 정리해 놓았습니다.

양면 북재킷

뒤집어서 끼워도 되고,
히라가나 가타카나 포스터로도 활용할 수
있는 북재킷을 제공합니다.

MP3 파일 활용하기

● 스마트폰

스마트폰으로 QR코드를 스캔하면 다락원 홈페이지의 본책 페이지로 바로 이동
합니다. 'MP3 듣기' 버튼을 클릭합니다. 스마트폰으로 접속하면 회원 가입과 로
그인 절차 없이 바로 MP3파일을 듣거나 다운로드 받을 수 있습니다. 콜롬북스 어
플리케이션에서도 음성 파일을 들을 수 있습니다.

● PC

다락원 홈페이지(www.darakwon.co.kr)에 접속하여 『일본어 잘하고 싶을 땐 히
라가나 가타카나부터』를 검색하면 자료실에서 MP3 파일을 듣거나 다운로드 받
을 수 있습니다. 간단한 회원 가입 절차가 필요합니다.

일러두기

1 독학 학습자의 부담을 덜기 위하여 가나 위에 한글로 독음을 달았습니다.
2 한글 독음은 외래어 표기법을 따르지 않고 최대한 원어민 발음에 가깝게 표기
하였습니다. 청음의 경우 어두와 무성화되는 음절은 거센소리, 기타 음절은 된
소리로 표기하였습니다. 단, 예외가 있습니다. 또한 가타카나의 경우, 단어에
따라 히라가나와 발음이 미세하게 다른 경우가 많으므로 음성을 들으며 정확
한 발음을 확인해 주세요.
3 한글 독음에서 '–'는 일본어의 장음을 뜻하니 길게 발음해 주세요.

히라가나 ひらがな

히라가나는 일본어에서 가장 많이 사용되는 대표 문자입니다. 히라가나는 한자의 초서체를 바탕으로 만들어졌으며, 각지지 않은 곡선 모양의 글자가 많습니다.

あ [a] 아	い [i] 이	う [u] 우	え [e] 에	お [o] 오
か [ka] 카	き [ki] 키	く [ku] 쿠	け [ke] 케	こ [ko] 코
さ [sa] 사	し [shi] 시	す [su] 스	せ [se] 세	そ [so] 소
た [ta] 타	ち [chi] 치	つ [tsu] 츠	て [te] 테	と [to] 토
な [na] 나	に [ni] 니	ぬ [nu] 누	ね [ne] 네	の [no] 노
は [ha] 하	ひ [hi] 히	ふ [fu] 후	へ [he] 헤	ほ [ho] 호
ま [ma] 마	み [mi] 미	む [mu] 무	め [me] 메	も [mo] 모
や [ya] 야		ゆ [yu] 유		よ [yo] 요
ら [ra] 라	り [ri] 리	る [ru] 루	れ [re] 레	ろ [ro] 로
わ [wa] 와		を [o] 오		ん [n] 응

가타카나 カタカナ

가타카나는 나라명, 지명, 인명 등 외래어를 표기할 때 주로 사용되며 동식물명이나
의성어·의태어, 또 특별히 강조하고 싶은 표현에 쓰입니다. 가타카나는 각진 직선
모양의 글자가 많습니다. 또한 히라가나에 비해 비교적 획순이 적고 간단합니다.

ア [a] 아	イ [i] 이	ウ [u] 우	エ [e] 에	オ [o] 오
カ [ka] 카	キ [ki] 키	ク [ku] 쿠	ケ [ke] 케	コ [ko] 코
サ [sa] 사	シ [shi] 시	ス [su] 스	セ [se] 세	ソ [so] 소
タ [ta] 타	チ [chi] 치	ツ [tsu] 츠	テ [te] 테	ト [to] 토
ナ [na] 나	ニ [ni] 니	ヌ [nu] 누	ネ [ne] 네	ノ [no] 노
ハ [ha] 하	ヒ [hi] 히	フ [fu] 후	ヘ [he] 헤	ホ [ho] 호
マ [ma] 마	ミ [mi] 미	ム [mu] 무	メ [me] 메	モ [mo] 모
ヤ [ya] 야		ユ [yu] 유		ヨ [yo] 요
ラ [ra] 라	リ [ri] 리	ル [ru] 루	レ [re] 레	ロ [ro] 로
ワ [wa] 와		ヲ [o] 오		ン [n] 응

히라가나

あ	い	う	え	お
か	き	く	け	こ
さ	し	す	せ	そ
た	ち	つ	て	と
な	に	ぬ	ね	の
は	ひ	ふ	へ	ほ
ま	み	む	め	も
や		ゆ		よ
ら	り	る	れ	ろ
わ		を		ん

あ
い
う
え
お

아 [a]

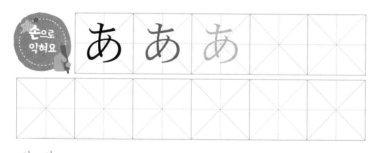

あい 사랑

あつい 덥다

12

물고기 잡는 법 1.

긴 칼을 들고?

찰싹!!!!!

아야!

모지의 칼에 맞아 '아야!' 하고 우는 물고기의 모양을 떠올리며 あ를 외워 봅시다.

MP3
002

아 리 가 또 -
ありがとう。

고마워.

あ^행

あ
い
う
え
お

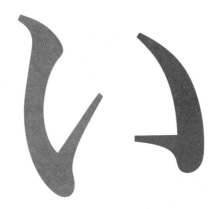

이 [i]

손으로
익혀요

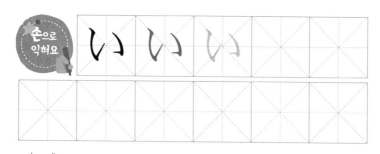

^이^에
いえ 집

^이^스
いす 의자

14

1 일 더하기 일은?

1 + 1

2 1 + 1 = 2

이!!

 1과 1을 더하면 2, い 모양이 됩니다.

이 따 다 끼 마 스
いただきます。

잘 먹겠습니다.

 이렇게도
외워 봐요

긴 오이 옆에 작은 고추를 더하면
오이고추. 오이고추로도 い를
외워 봅시다.

우 [u]

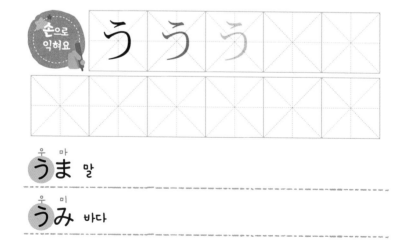

손으로
익혀요

うま 말

うみ 바다

눈으로 익혀요

1 우다다다다다다다

폴짝!

2 우

3 우

흘려쓴 '우'의 ㅇ을 납작하게 누르면 う가 됩니다

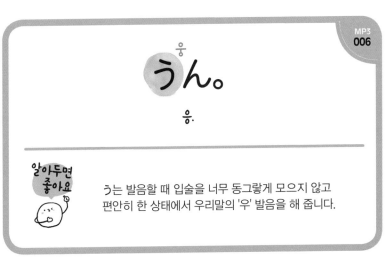

MP3 006

うん。

응

알아두면 좋아요

う는 발음할 때 입술을 너무 동그랗게 모으지 않고 편안히 한 상태에서 우리말의 '우' 발음을 해 줍니다.

히라가나 **17**

에 [e]

손으로
익혀요

えき 역

えび 새우

모지도 하는데,
나도 한번?

툭!

너도 해볼래?

얍!!

에잇!!

'에잇! 괜히 했어!' 모지 따라 격파를
시도했다가 손만 아픈 남성의 모습을
떠올리며 え를 외워 봅시다.

MP3
008

이 - 에
いいえ。

아니요

あ
い
う
え
お

오 [o]

お　お　お

<u>아 오</u>
あお 파랑

<u>오 이 시 ―</u>
おいしい 맛있다

오 마이 갓!

뿌웅

'오 마이 갓!' 얼큰하게 취한 행인이 십자가 앞에서 엎드려 기도하다가 방귀를 뀌고 만 모습을 상상하며 **お**를 외워 봅시다.

오 하 요 ―

おはよう。

안녕.(아침 인사)

비슷하게
생겼어요

あ vs お

あ는 お에는 얼핏 보면 비슷하게 생긴 데다가 둘 다 3획으로 이루어져 있지만, 두 번째 획과 세 번째 획의 모양이 확연하게 다릅니다.

カ [ka]

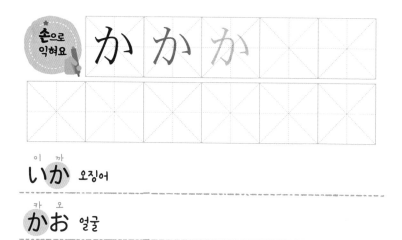

★ 손으로
익혀요

か　か　か

いか 오징어

かお 얼굴

눈으로 익혀요

1 加

더할 가

2 입(口) 다물어!

3

한자 加(더할 가)의 입(口)을 다물리면 히라가나 か가 됩니다.

오 까 게 사 마 데

おかげさまで。

덕분에요

 알아두면 좋아요

か행을 발음할 때는 [카], [키], [쿠], [케], [코]를 조금 약하게 발음합니다. 따라서 발음을 쓸 때 [g] 음인 [가], [기], [구], [게], [고]라고 표기하는 경우도 있습니다. か행의 음이 단어의 중간이나 끝이 오면 [까], [끼], [꾸], [께], [꼬]에 가깝게 발음합니다.

か

き

く

け

こ

き

키 [ki]

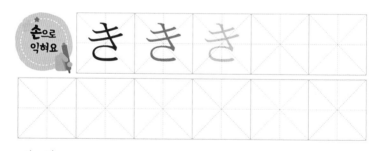

손으로 익혀요

き き き

あ^아き^끼 가을

き^키も^모の^노 일본 전통 예복

차 한 잔 드세요

고맙습니다.

> 키모노를 입은 여성의 시선과 비녀, 찻잔을
> 든 쭉 뻗은 팔, 무릎 꿇고 앉아 있는 모습을
> 떠올리며 **き**를 외워 봅시다.

MP3
014

<ruby>오 겡 끼 데 스 까</ruby>

おげんきですか。

잘 지내요?

알아두면
좋아요

き vs き

き는 마지막 획이 앞의 획과 떨어져 있는 き(4획),
붙어 있는 き(3획)의 두 가지 모양입니다.
일반적으로 손글씨의 경우에는 4획으로 씁니다.
뒤에서 배울 さ행의 さ(3획), さ(2획)도 마찬가지
입니다.

か
き
く
け
こ

쿠 [ku]

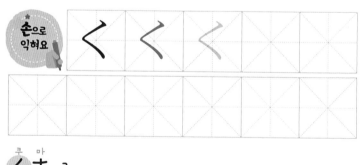

손으로
익혀요

くま 곰
쿠 마

くるま 자동차
쿠 루 마

모지와 아로가 쿠션을 가지고 싸우고 있어요

내 쿠션!

아이쿠

쿠션은 터지고, 아로는 아이쿠
엉덩방아를 찧고 말았네요

틀어진 쿠션 모양으로 **く** 를 외워 봅시다.

MP3
016

요 로 시 꾸

よろし**く**

오 네 가 이 시 마 스

おねがいします。

잘 부탁합니다.

か
き
く
け
こ

け [ke]

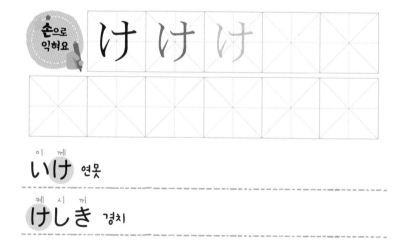

손으로
익혀요

け け け

いけ 연못

けしき 경치

1 툭툭

2
 쭈~욱

3 ㄱ은 버리고

4

한글 케의 자음인 ㅋ의 가운데
가로획을 툭툭 쳐서 옆으로 밀고,
혼자 남은 'ㄱ'을 버리면 히라가나 け!

MP3
018

켁 꼬 - 데 스
けっこうです。

괜찮아요 됐어요

か행

か
き
く
け
こ

こ

코 [ko]

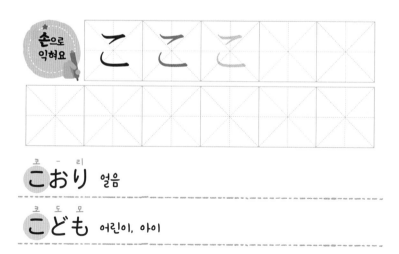

손으로 익혀요

こ こ こ

こおり 얼음
코 - 리

こども 어린이, 아이
코 도 모

30

코는 こ!

 코끼리의 코와 함께 こ를 외워 봅시다.

콤 방 와
こんばんは。

안녕. 안녕하세요(저녁 인사)

さ 행

さ
し
す
せ
そ

さ [sa]

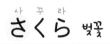

さ	さ	さ		

さかな 　물고기, 생선

さくら 　벚꽃

황금 십자가가 박힌
커다란 다이아몬드
장식품을

1

반으로 잘라도 너무 커서
사치 같아요

우지끈(??!!!)

2

3

사치처럼 느껴지는 황금 십자가가 박힌 커다란
다이아몬드 장식품 반쪽을 떠올리며 히라가나
さ를 외워 봅시다.

사 요 - 나 라

さようなら。

안녕히 가세요

 비슷하게
생겼어요

き vs さ

き는 さ에 비해 가로 획이 하나
많습니다. さ와 き는 둘 다 마지막
획을 붙여 쓰기도, 띄어 쓰기도
합니다.

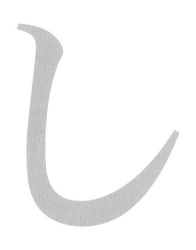

시 [shi]

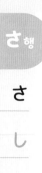
손으로
익혀요

し し し

さしみ 회
사 시 미

しお 소금
시 오

1

2

낚시대를 휘익~

3

4

과연 물고기는 잡혔을까요?
し는 낚시의 '시'로 외워 봅시다.

MP3
024

도 - 이 따 시 마 시 떼

どう いたしまして。

뭘요 천만에요

비슷하게
생겼어요

く vs し

く는 오른쪽이 큰 부등호 모양(〈)이고,
し는 우리말의 'ㄴ'과 비슷하게
생겼습니다.

스 [su]

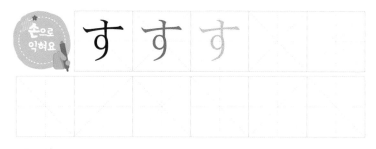

손으로
익혀요

す　す　す

$\overset{스}{す}\overset{시}{し}$ 초밥

$\overset{스}{す}\overset{리}{り}$ 소매치기

눈으로 익혀요

1	2

나무에 스프링이
매달려 있어요

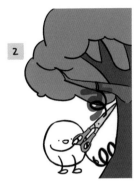

스프링 밑부분을 잘랐더니
히라가나 **す**가 되었어요.

스 고 이 데 스 네
すごいですね。

멋지네요 굉장한데요

이렇게도
외워 봐요

상자에 뭐가 들어 있나 열어 봤더니,
스프링 인형이 짠!

せ [se]

せかい 세계

みせ 가게, 상점

世
세상 세

ㄴ을 빼볼까?

한자 '세상 세 '에서 ㄴ을 빼면
히라가나 せ가 됩니다.

이 랏 샤 이 마 세

いらっしゃいませ。

어서 오세요

さ
し
す
せ
そ

소 [so]

そら 하늘

そば 메밀국수

배불리 먹고 쿠션(cushion)위에 누워 쿨쿨쿨(zzz) 자면 소가 될지도 몰라요! C 위에 Z를 올리면 そ가 됩니다.

はい、そうです。

하 이　소 - 데 스

네, 맞아요

알아두면 좋아요

そ vs そ

そ는 글씨체에 따라서 そ라고 쓰기도 하고, そ라고 쓰기도 합니다.

た

ち

つ

て

と

타 [ta]

손으로
익혀요

た　た　た

^타^마^고
たまご 달걀, 계란

^부^따
ぶた 돼지

칠판에 알파벳
ta(타)를 쓰고

a를 쓱 문지르면

ta(타)를 썼다가 지우개로
a의 가운데 부분을 쓱 지웠더니
히라가나 た가 되었어요.

타 다 이 마
ただいま。

다녀왔습니다.

알아두면
좋아요

た행의 た, て, と는 [타], [테], [토]를 조금 약하게 발음합니다. 따라서 발음을 쓸 때 [d] 음인 [다], [데], [도]라고 표기하는 경우도 있습니다. た행의 음이 단어의 중간이나 끝이 오면 [따], [찌], [쯔], [떼], [또]에 가깝게 발음합니다.

ち [chi]

손으로
익혀요

ち　ち　ち

くち 입

ちず 지도

1 황금 십자가가 박힌
커다란 다이아몬드
장식품을

우지끈(??!!!)

2

3

반으로 잘라도 너무
커서 사치 같아요

사치처럼 느껴지는 황금 십자가가 박힌
커다란 다이아몬드 장식품 반쪽을
떠올리며 히라가나 **ち**를 외워 봅시다.

MP3
034

고 찟소 - 사 마 데 시 따

ごちそうさまでした。

잘 먹었습니다.

비슷하게
생겼어요

さ vs **ち**

さ와 ち는 데칼코마니처럼 마주 본
모양이 거의 같게 생겼습니다.
첫 번째 가로획을 그은 후 두 번째 획이
내려올 때 さ는 왼쪽에서 오른쪽,
ち는 오른쪽에서 왼쪽을 향합니다.

つ [tsu]

손으로
익혀요

くつ 구두, 신발

つき 달

오늘은 부츠 닦는 날!

반짝반짝 윤이 나는 부츠의 앞코를
떠올리며 つ를 외워 봅시다.

오 쯔 까 레 사 마 데 시 따

おつかれさまでした。

수고 많으셨습니다.

비슷하게
생겼어요 つ vs っ vs ち

つ를 1/2 크기로 작게 쓰면 우리
말의 받침 역할을 하는 촉음 っ가
됩니다.(p.202 참고)
촉음 っ 위에 소문자 ﾅ를 비스듬
하게 올리면 ち가 됩니다.

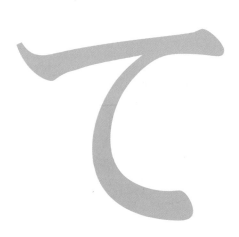

テ [te]

손으로 익혀요

て　て　て

<table>
<tr><td>て</td><td>て</td><td>て</td><td></td><td></td></tr>
</table>

테 가 미
てがみ 편지

치 카 떼 쯔
ちかてつ 지하철

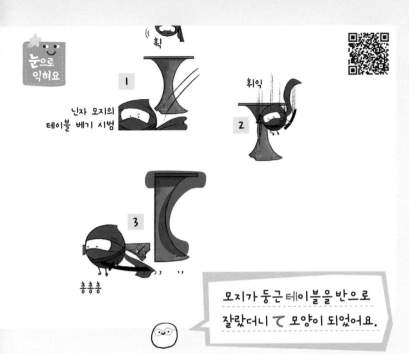

닌자 모지의
테이블 베기 시범

1

휙

2

휘익

3

총총총

모지가 둥근 테이블을 반으로
잘랐더니 て 모양이 되었어요.

촛 또 맛 떼 쿠 다 사 이

ちょっと まって ください。

좀 기다려 주세요

이렇게도
외워 봐요

て를 외울 때는 스카치 테이프도
같이 연상해 주세요.

た
ち
つ
て
と

토 [to]

손으로
익혀요

と と と

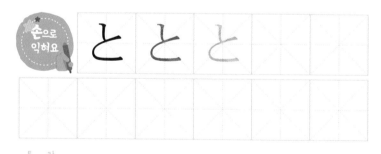

토 라
とら 호랑이

통 까 쯔
とんかつ 돈가스

1

2 '도'를 뒤집자.

모서리를 착착!

3

뚜껑을 떼자.

4

한글 '도'를 뒤집어서 뚜껑을 떼고 착착
모서리를 두드리면 히라가나 と !

MP3
040

오 메 데 또 ―

おめでとう。

축하해.

な
に
ぬ
ね
の

나 [na]

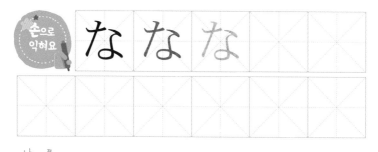

なつ 여름

なまえ 이름

나무꾼 모지는 길을 가다가
십자가를 발견했어요

기도나 해볼까?

2

아-멘

도끼를 등에 맨 나무꾼 모지가
십자가를 보고 기도하는 모습이
딱 な와 닮았어요.

MP3
042

난　지　데　스　까

なんじですか。

몇 시예요?

알아두면
좋아요

な vs な

な는 글씨체에 따라 매끄럽게 이어서
な(3획)로 쓰기도 하고, な(4획)로
쓰기도 합니다.

な행

な
に
ぬ
ね
の

니 [ni]

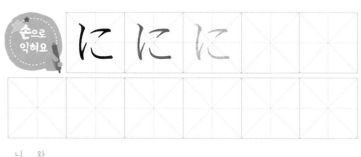

손으로
익혀요

に に に

にわ 정원

ニ ワ

かに 게

カ ニ

니모야 안녕!

바닷속을 탐험 중인 모지가 친구 니모를 만났어요.
に는 니모의 꼬리, 등, 배지느러미를 순서대로
그린다고 생각하며 외워 봅시다.

MP3
044

콘　니　찌　와
こんにちは。

안녕. 안녕하세요(낮 인사)

비슷하게
생겼어요

こ vs に vs た

こ의 왼쪽에
대문자 I를 더하면 に,
소문자 十를 비스듬하게
그리면 た가 됩니다.

な
に
ぬ
ね
の

누 [nu]

손으로
익혀요

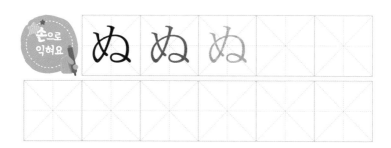

いぬ 개, 강아지

ぬいぐるみ 봉제인형

안녕?

누런 이빨 물고기 가족도 만났어요.

바닷속을 탐험 중인 모지는 누런 이빨을 가진
물고기 가족을 만났어요. 엄마 꼬리지느러미와
아기 꼬리지느러미를 연결하니 ぬ 모양이 됩니다.

MP3
046

카 와 이 - 이 누 데 스 네
かわいい いぬですね。

귀여운 강아지네요

な행

な
に
ぬ
ね
の

네 [ne]

손으로
익혀요

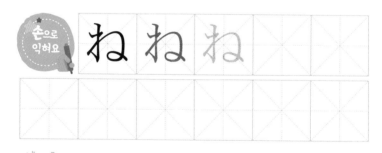

ねこ 고양이

ねぎ 파

58

1 일본어로 고양이는?
음....

2 네........

3 고양이는 네코!

고양이는 일본어로 네코(ねこ)
입니다. ね는 귀여운 고양이를
떠올리며 외워 봅시다.

MP3
048

잔　넨　데 시 따 네
ざんねんでしたね。

(과거의 일에 대해) 안타깝네요 아쉽네요

な행

な
に
ぬ
ね
の

노 [no]

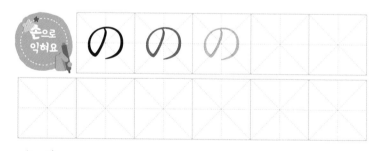

のり 김

のみもの 음료수

60

I

모지는 노란 콩나물을
다듬는 중이에요

2

오!

3

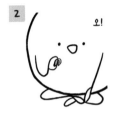

노란 콩나물 대가리를
떠올리며 の를 외워 봅시다.

MP3
050

타 노 시 깟 따 데 스
たのしかったです。

즐거웠어요

は

ひ

ふ

へ

ほ

하 [ha]

손으로 익혀요 は は は

はな 꽃

はる 봄

눈으로 익혀요

1

2  a를 H 밑에 붙이면

3  하!

Ha(하)에서 a를 H 오른쪽 밑에 붙이고 가운데 가로 막대기를 바깥쪽으로 살짝 빼면 は가 됩니다.

MP3 052

하 지 메 마 시 떼

はじめまして。

처음 뵙겠습니다.

알아두면 좋아요

は는 일반적으로 'ha(하)'라고 발음하지만, 주어(~은/는)를 나타내는 조사로 사용될 때와 こんにちは(낮 인사)/こんばんは(저녁 인사) 같은 인사말에서는 'wa(와)'라고 발음합니다. 뒤에서 배울 わ행의 わ도 'wa(와)'라고 발음하지만, 조사로는 쓰이지 않습니다.

히라가나 **63**

히 [hi]

손으로
익혀요

ひ　ひ　ひ

ひる 점심

ひとり 한 명, 혼자

1

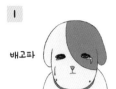

2 자, 너도 먹어.

배고파

히히
모지야, 고마워.

3

모지가 고기를 나눠 주자, 배고파서
울고 있던 강아지도 행복해졌어요.
히히 웃는 강아지의 얼굴을 떠올리며
ひ를 외워 봅시다.

오 **히** 사 시 부 리 데 스

お**ひ**さしぶりです。

오랜만이에요

비슷하게
들려요

ひ vs し

ひ[hi]와 し[shi]는 발음 기호를
보면 [히]와 [시]로 구별되지만,
실제 일본인의 발음을 들어 보면
무척 비슷하게 들리므로 주의가
필요합니다.

は
ひ
ふ
へ
ほ

후 [fu]

ふゆ 겨울

ふたり 두 명

작품명: 후비적후비적 코 파는 아저씨

| MOJI, 그림 완성.

미간 주름, 오똑한 코, 팔자 주름을 연결하면
ふ가 됩니다. 후비적후비적 코 파는 아저씨의
얼굴을 떠올리며 ふ를 외워 봅시다.

후 시 기 데 스 네
ふしぎですね。

신기하네요

알아두면
좋아요

ふ vs ふ vs ふ

ふ는 글씨체에 따라 ふ(2획)로
쓰기도 하고, ふ(3획)로 쓰기도
하고, ふ(4획)로 쓰기도 합니다.
일반적으로 손글씨의 경우에는
4획으로 많이 씁니다.

は

ひ

ふ

へ

ほ

へ [he]

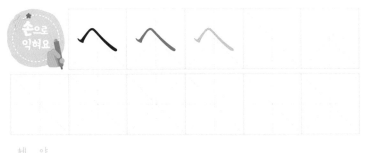

へや 방

へび 뱀

머리를 말려 볼까?

어이쿠, 헤어드라이기를
펴긴 폈는데....

헤어드라이기 모양을 떠올리며
へ를 외워 봅시다.

타　이　헨　데　스　네

たいんですね。

힘들겠어요

알아두면
좋아요

へ는 일반적으로 'he(헤)'라고 발음하지만, 장소나 방향(~에,
~으로)을 나타내는 조사로 사용될 때는 'e(에)'라고 발음합
니다. あ행의 え도 'e(에)'라고 발음하지만, 조사로는 쓰이지
않습니다.

호 [ho]

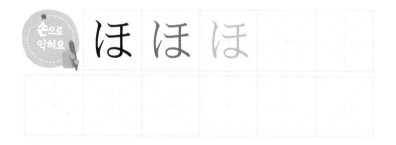

ほ ほ ほ

ほし 별

ほん 책

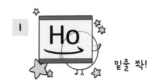

밑줄 쫙!

가운데줄 쫙!

옆으로 돌리면

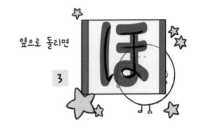

Ho(호)에 밑줄 쫙, H의 가운데 줄을 쫙
늘려준 뒤, 옆으로 돌리면 **ほ**가 됩니다.

쿠 루 마 가 호 시 - 데 스

MP3
060

くるまが ほしいです。

자동차를 갖고 싶어요

비슷하게
생겼어요

は vs ほ

は에 '一' 모양의 뚜껑을 덮어 주면
ほ가 됩니다.

마 [ma]

손으로
익혀요

ま ま ま

ま ど 창문
まど 창문

ま 찌 거리, 마을
まち 거리, 마을

마법사 모지가 は에
마법을 부리면?

알리 알리 알라셩!

마법사 모지가 마법을 부려서
は의 세로획을 가로로 눕혀 본체에
끼워 넣으니 ま가 되었어요.

MP3
062

마 따 아 시 따
また あした。

내일 봐.

ま
み
む
め
も

미 [mi]

み み み

みみ 귀

みず 물

모지는 미성년자예요
아직 19세가 안 되었어요

19X

모지는 아직 19세가 안 된 미성년자예요.
1은 눕히고 9는 뒤집고 x를 가져다 붙이면
み가 됩니다.

스 미 마 셍
すみません。

미안해요 죄송해요

이렇게도
외워 봐요

み를 외울 때는 예쁘기만 한 '미운
오리 새끼'도 같이 연상해 주세요.

무 [mu]

손으로
익혀요

む む む

む し 벌레

む ら 마을

1

스무~스하게

2

투!

3

4

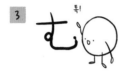

히라가나 **す**의 끝부분을 스무~스하게
잡아당기다 놓으면 물감이 콕 튀어
히라가나 **む**가 됩니다.

MP3
066

소 레 와 무 리 데 스

それは むりです。

그건 무리예요. 그건 불가능해요.

비슷하게
생겼어요

す vs **む**

す는 마지막 획이 아래를 향하지만
む는 마지막 획을 오른쪽으로 꺾어
길게 빼서 살짝 올려줍니다. 마지막
점도 반드시 찍어 주세요.

ま_행

ま
み
む
め
も

메 [me]

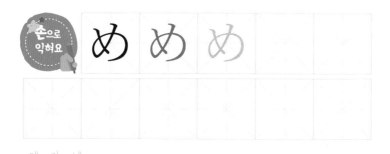

메 가 네
めがね 안경

아 메
あめ 비

1 물고기 잡는 법 2.

2 막대기를 들고!

찰싹!

3

물고기가 매를 맞고 말았어요

모지의 막대기에 매를 맞고 만 슬픈
물고기를 떠올리며 め를 외워 봅시다.

고 멘 나 사 이

MP3
068

ごめんなさい。

미안해요

비슷하게
생겼어요

ぬ vs め

ぬ는 두 번째 획을 돌려서 매듭을
만들고, め는 매듭 없이 안으로
둥글게 굴려 줍니다. ぬ에서 작은
새끼 물고기(∝)를 빼면 め가 됩니다.

모 [mo]

손으로
익혀요

_모 _모
もも 복숭아

_모 _찌
もち 떡

1
毛
털 모

2

맨 위의 털을 으랏차차!

3

한자 '털 모'의 털을 으랏차차 잡아당겨서
쏙 뽑아버리면 히라가나 も가 됩니다.

MP3
070

모 시 모 시
もしもし。

여보세요

や행

や

ゆ

よ

야 [ya]

손으로
익혀요

や　や　や

야 스 미
やすみ 쉬는 날, 휴가

야 마
やま 산

1

2

야!
이 녀석아!!

앵무새가 야자수 위로 도망가 버렸네요

3

씨익씨익

앵무새가 앉아 있는 야자수를
떠올리며 や를 외워 봅시다.

MP3
072

오 야 스 미 나 사 이
おやすみなさい。

안녕히 주무세요

유 [yu]

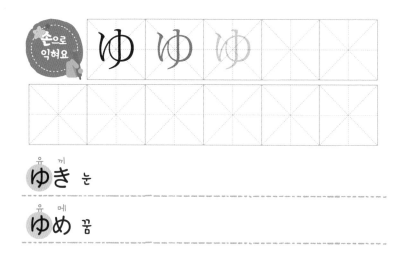

ゆき 눈

ゆめ 꿈

1 일본 유학 시험 EJU

 2 ヒ JU

 (QR 코드)

 3 JU

 4 ゆU

일본 유학 시험(EJU)의 E를
2로 바꾸고 2를 뒤집어서 J에
겹치면? 히라가나 ゆ!

MP3 074

고 유 꾸 리　도 - 조

ごゆっくり どうぞ。

느긋하게 계세요. 느긋하게 드세요

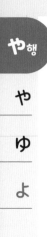

요 [yo]

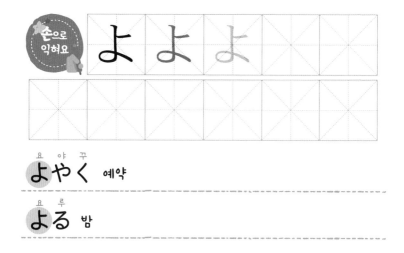

손으로
익혀요

よ　よ　よ

よやく　예약

よる　밤

1

2
이거
해 주세요

3

요가 자세를 떠올리며 **よ**를 외워 봅시다.

MP3
076

<ruby>よ<rt>요</rt></ruby><ruby>う<rt>-</rt></ruby><ruby>こ<rt>꼬</rt></ruby><ruby>そ<rt>소</rt></ruby>。

환영합니다.

라 [ra]

손으로
익혀요

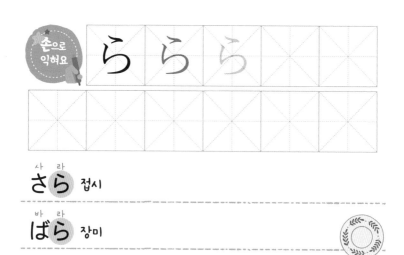

^사 ^라
さら 접시

^바 ^라
ばら 장미

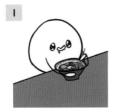

한번 먹어 볼까?

모지는 라면을 먹으러 왔어요

맛있어!!

젓가락으로 라면을 한입 뜬
모습이 ら를 닮았어요.

MP3
078

이 꾸 라 데 스 까

いく ら ですか。

얼마예요?

비슷하게
생겼어요

ち vs ら

작게 쓴 つ의 왼쪽 끝에 비스듬하게
소문자 +를 올리면 た행의 ち가 되고,
소문자 i를 올리면 ら가 됩니다.

ら
り
る
れ
ろ

리 [ri]

손으로
익혀요

り　り　り

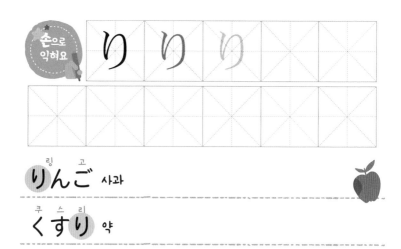

りんご 사과

くすり 약

길을 가던 모지는
예쁜 리본을 발견했어요

짜잔!

리본 꼬리 모양이
り를 닮았어요.

도 꼬 니 　 아 리 마 스 　 까

どこに ありますか。

어디에 있나요?

비슷하게
생겼어요

い vs **り**

い 는 왼쪽 획이 오른쪽 획보다 깁니다.
り는 오른쪽 획이 왼쪽 획보다 길고
아래로 쭉 뻗은 느낌을 줍니다.

ら
り
る
れ
ろ

루 [ru]

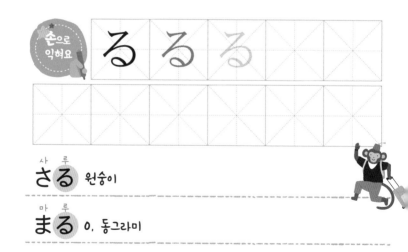

손으로
익혀요

る　る　る

さ**る** 원숭이

ま**る** 0, 동그라미

모지가 커다란 엄마 캥거루를 만났어요.

꼬리를 돌돌~

꼬리를 둥글게 만 캥거루를
떠올리며 **る**를 외워 봅시다.

나 루 호 도
なるほど。

과연. 역시.

ら행

ら

り

る

れ

ろ

레 [re]

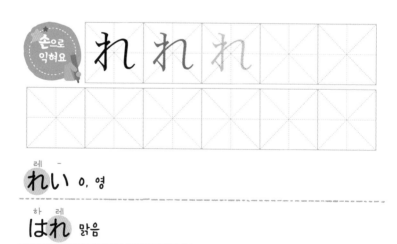

손으로
익혀요

れい ㅇ, 영

はれ 맑음

공연이 끝나고 기분이 좋았는지,
과음을 하고 만 래퍼 A씨.

어이쿠ㅠㅠ
이러면 안돼요ㅠㅠ

 술 취한 래퍼의 모습이
れ를 닮았어요.

MP3
084

시 쯔 레 - 시 마 스

しつれいします。

실례합니다.

ら
り
る
れ
ろ

로 [ro]

손으로
익혀요

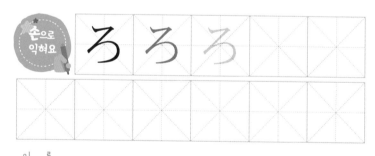

いろ 색, 색깔

ろうそく 양초

|

모자가 땅에 떨어진
커다란 황금 세잎클로버를
발견했어요.

2

열심히
들어올리려고 했는데

3

에구머니나! **ろ**모양의 테두리가
떨어져 버렸네요.

세잎클로버의 3처럼 생긴 테두리
모양으로 **ろ**를 외워 봅시다.

오 모 시 로 이 데 스 네

おもしろいですね。

재밌네요

비슷하게
생겼어요

る vs **ろ**

숫자 3과 비슷하게 쓴 후
마지막 부분을 둥글게 말아 올려
매듭을 만들면 **る**가 되고,
매듭 없이 짧게 끝내면 **ろ**가 됩니다.

와 [wa]

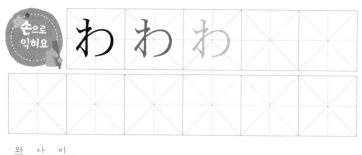

わ わ わ

わ さ び
わさび 고추냉이

와 니
わに 악어

ろ야! 1로 와.

1로 와서 붙은 **ろ**모양으로
わ를 외워 봅시다.

MP3
088

하 이   와 까 리 마 시 따

はい、わかりました。

네, 알겠습니다.

**비슷하게
생겼어요** ね vs れ vs わ

마지막 획을 돌려서 매듭을
만들면 **ね**, 마지막 획을 밖으로
꺾어서 빼주면 **れ**, 마지막
획을 안으로 둥글게 굴려주면
わ입니다.

오 [o]

ほんを よむ 책을 읽다

そうじを する 청소를 하다

히라가나 ち를 알파벳C 위에
올리면 を가 됩니다. '치시오'로
외워 봅시다.

키 오 쯔 게 떼 네
きを つけてね!

조심해!

알아두면
좋아요

を는 앞에서 배운 あ행의 お와 발음이 거의 같습니다.
を는 '~을/를'이라는 뜻의 목적격 조사로만 쓰입니다.

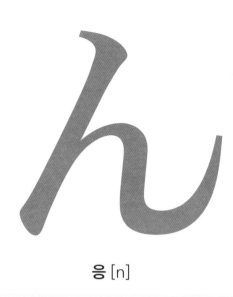

응 [n]

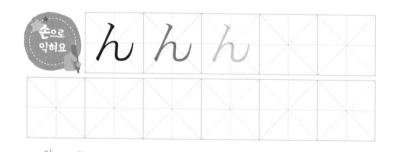

あんこ 팥소

かばん 가방

끙..

끙차...

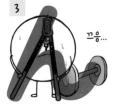

끄응...

'모지야, 그렇게 힘 주다 응가
나올라!' 완력기 모양을 떠올리며
ん을 외워 봅시다.

우 웅
ううん。

아니.

알아두면
좋아요

ん은 촉음 っ와 마찬가지로 우리말의 받침과 비슷한
역할을 합니다. 뒤에 오는 글자에 따라 [-ㄴ], [-ㅁ], [-ㅇ]
등으로 발음됩니다. 또한 ん은 단어의 첫음절에는 올 수
없습니다.(p.202 참고)

확인문제

같은 행의 히라가나를 하나의 선으로 연결해 보세요.

あ	か	さ	た	な	は	ま	ら
り	み	ち	に	ひ	い	き	し
う	む	ふ	く	す	る	つ	ぬ
け	へ	せ	て	え	ね	れ	め
も	の	そ	お	と	こ	ほ	ろ

가타카나

ア	イ	ウ	エ	オ
カ	キ	ク	ケ	コ
サ	シ	ス	セ	ソ
タ	チ	ツ	テ	ト
ナ	ニ	ヌ	ネ	ノ
ハ	ヒ	フ	ヘ	ホ
マ	ミ	ム	メ	モ
ヤ		ユ		ヨ
ラ	リ	ル	レ	ロ
ワ		ヲ		ン

아 [a]

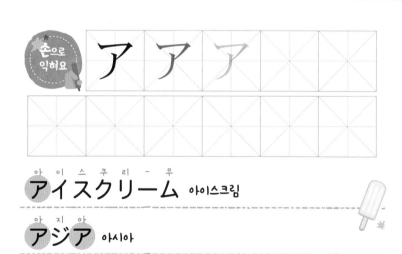

손으로 익혀요

ア	ア	ア		

아 이 스 쿠 리 ー 무
アイスクリーム 아이스크림

아 지 아
アジア 아시아

효과 만점인 구부러진
아령으로 근육 만들기 도전!

히라가나는 한자의 전체를 생략해서 간단히 쓰기 좋게
만든 문자이며, 가타카나는 한자의 일부를 생략해서
쓰기 좋게 만든 문자입니다. 예를 들어 **あ**는 '편안할
안(**安**)'이라는 한자 전체를 간단히 쓰기 편하게 만든 문자
'**安→あ**'이며, 가타카나 **ア**는 '아부(**阿附**)하다'라고 할 때
쓰이는 한자 '언덕 아(**阿**)'의 부수(**阿**)만을 간단히 쓰기
편하게 만든 문자입니다.

ア
イ
ウ
エ
オ

이 [i]

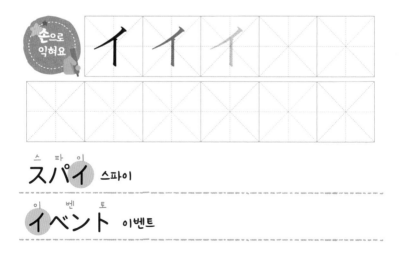

손으로
익혀요

イ イ イ

スパイ 스파이

イベント 이벤트

이 쑤시개로 이를 너무 많이 쑤시면
치아가 벌어져 버리니까 조심조심.

이렇게도
외워 봐요

스탠드 마이크의 イ로도 외워 봅시다.

우 [u]

손으로
익혀요

ウ ウ ウ

<u>ウ</u>イスキー 위스키

<u>ウ</u>イルス 바이러스

 접어서 세워 놓은 장우산의 윗부분이 **ウ**와 닮았어요.

 외래어를 가타카나로 표기할 때, 모음의 **イ**, **エ**, **オ**는 'w' 음과 접속해 **イ**, **エ**, **オ**를 작게 쓰고 **ウィ**[wi], **ウェ**[we], **ウォ**[wo]라고 표기하는 경우가 많습니다. 다만, **ウイス キー**(위스키)처럼 모음 글자를 줄이지 않고 쓰기도 합니다.

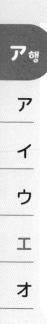
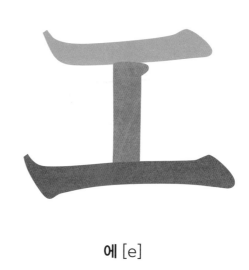

에 [e]

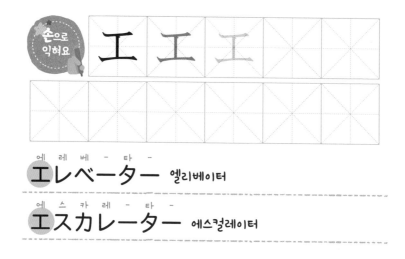

손으로
익혀요

| エ | エ | エ | | |

에 레 베 ― 타 ―
エレベーター 엘리베이터

에 스 카 레 ― 타 ―
エスカレーター 에스컬레이터

양팔과 양다리를 쭉,
에어로빅하는 모습이 エ와 닮았어요.

工 vs エ

이렇게도
외워 봐요

가타카나 エ는 한자 工(장인 공)과 모양새가 거의
비슷합니다. 따라서 에(エ)와 공(工)을 합쳐, '에공! 귀여워'
라고 할 때의 '에공'을 떠올리면 좀 더 쉽게 외울 수
있습니다.

ア행

ア
イ
ウ
エ
オ

オ [o]

손으로 익혀요 オ オ オ

オイル 오일

タオル 수건

발레하는 소녀의 오르골
모양이 オ와 닮았어요.

외래어를 가타카나로 표기할 때, 단어의 마지막 음이
자음으로 끝나는 경우 t, d에는 'o'를, 그외에는 'u'를
붙여서 발음합니다.

オイル 오일(oil)
フレンド 친구(friend)
ビール 맥주(beer)

カ
キ
ク
ケ
コ

카 [ka]

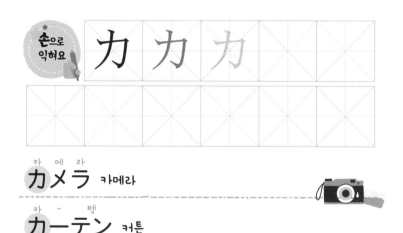

손으로
익혀요

カ カ カ

カ メ ラ　카메라
カメラ　카메라

카 - 텡
カーテン　커튼

116

히라가나 **か**에서 점을 빼면
가타카나 **カ**가 됩니다.

か vs カ

히라가나 **か**에는 점이 있고, 가타카나 **カ**에는 점이 없습니다. 이는 히라가나 **か**는 한자 '加(더할 가)'를 간단하게 쓰기 위하여 오른쪽 부분 **口**를 점으로 표시한 것이며, 가타카나 **カ**는 애초부터 한자 '加(더할 가)'의 왼쪽 부분 **カ**만을 대상으로 만들어진 글씨이기 때문입니다.

キ [ki]

손으로 익혀요

キ キ キ

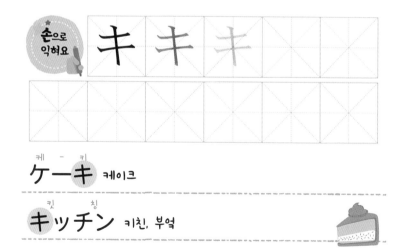

ケーキ 케이크

キッチン 키친, 부엌

118

히라가나 **き**에서 아랫부분을
빼면 가타카나 **キ**가 됩니다.

어떤 케이크(ケーキ)를 좋아하나요?

チーズケーキ
치 ― 즈 케 ― 키

치즈 케이크

ティラミス
티 라 미 스

티라미수

キャロットケーキ
캬 롯 또 케 ― 키

당근 케이크

カ행

カ
キ
ク
ケ
コ

ク

쿠 [ku]

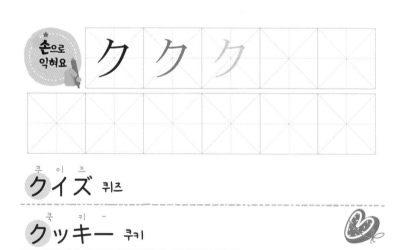

손으로 익혀요

ク ク ク

쿠 이 즈
クイズ 퀴즈

쿡 키 -
クッキー 쿠키

할인 쿠폰의 윗부분이 ク와
닮았어요.

어떤 색깔을 좋아하나요?

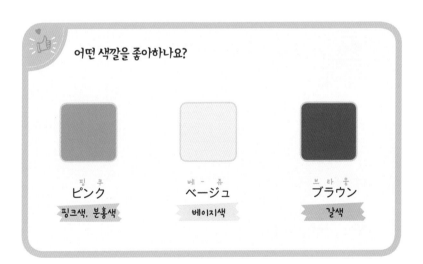

핑 쿠	베 - 쥬	브 라 웅
ピンク	ベージュ	ブラウン
핑크색, 분홍색	베이지색	갈색

カ
キ
ク
ケ
コ

케 [ke]

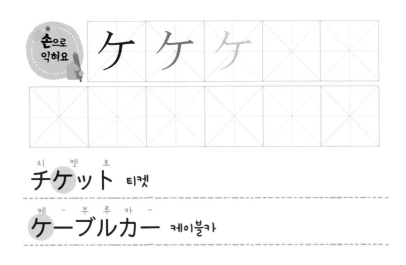

손으로
익혀요

ケ ケ ケ

치 켓 토
チケット 티켓

케 - 부 루 카 -
ケーブルカー 케이블카

케이블카의 케이블 부분이
ケ와 닮았어요.

비슷하게
생겼어요

ク vs ケ

ク의 가로 획을 길게 쓰면 ケ가 됩니다. 연이어
오는 문자이므로 ケ는 ク의 가로 획을 살짝 늘려서
만들었다고 외워도 기억하기 쉽습니다.

コ [ko]

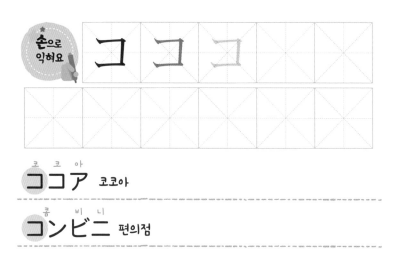

손으로
익혀요

コ コ コ

ココア 코코아

コンビニ 편의점

 각진 네모난 코가 ⊐와 닮았어요.

こ vs コ

히라가나 こ와 가타카나 コ는 둘 다 2획이지만,
コ는 첫 번째 획을 쓸 때 우리말의 ㄱ처럼 꺾어 주어
오른쪽에 벽을 만들어 줍니다.

サ행

サ
シ
ス
セ
ソ

사 [sa]

손으로
익혀요

サ　サ　サ

사　라　다
サラダ 샐러드

산　도　잇　치
サンドイッチ 샌드위치

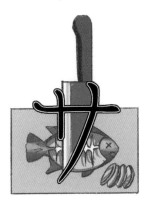

일본어로 회는 사시미! 생선 위에
놓인 사시미 칼이 サ와 닮았어요.

담을 넘으려고 가져온 사다리가 サ와 닮았어요.

サ
シ
ス
セ
ソ

시 [shi]

シーソー 시소

ショッピング 쇼핑

시

고개를 숙이고 시를 쓰는 아이의
초롱초롱한 두 눈과 힘겹게 잡고 있는
커다란 붓대가 シ와 닮았어요.

쇼핑(ショッピング)하고 싶어요!

데 파 ー 토
デパート

백화점

도 락 구 스 토 아
ドラッグストア

드럭스토어

콤 비 니
コンビニ

편의점

サ
シ
ス
セ
ソ

스 [su]

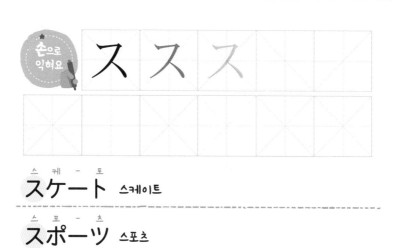

スケート 스케이트

スポーツ 스포츠

스피드를 위해 허리를 숙이고 한쪽
다리를 쭉 뻗은 스피드 스케이트
선수의 모습이 ス와 닮았어요.

어떤 스포츠(スポーツ)를 좋아하나요?

삭 카 ー
サッカー

축구

바 레 ー 보 ー 루
バレーボール

배구

바 스 켓 토 보 ー 루
バスケットボール

농구

セ [se]

セーター 스웨터

セール 세일

히라가나 せ의 두 번째 획을
빼면 가타카나 セ가 돼요.

世 vs せ vs セ

히라가나 せ와 가타카나 セ는 한자 世(세상 세)에서
온 글자입니다. 한자 世(세상 세)에서 안쪽의 ㄴ 모양을
빼면 히라가나 せ, ㅂ 모양을 빼면 가타카나 セ가
됩니다. 한 가지 더, セ를 쓸 때는 첫 번째 획을 8시
방향으로 살짝 삐쳐 씁니다.

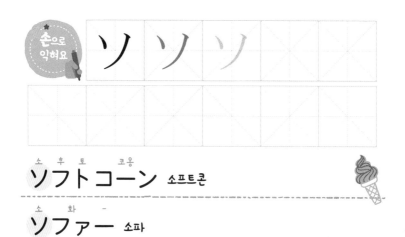

サ행

サ
シ
ス
セ
ソ

소 [so]

ソ ソ ソ

_소 _후 _토 _{코옹}
ソフトコーン 소프트콘

_소 _화 -
ソファー 소파

소프트 아이스크림의 콘 부분이

ソ와 닮았어요.

무슨 맛 아이스크림(アイスクリーム)을 좋아하나요?

쵸 코 레 - 토
チョコレート

초콜릿

바 니 라
バニラ

바닐라

쵸 코 민 토
チョコミント

민트초코

타 [ta]

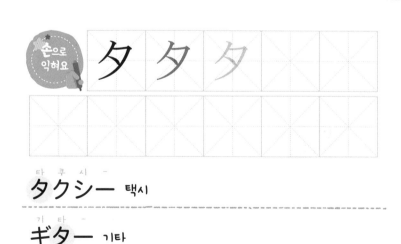

손으로
익혀요

タ　タ　タ

タ　ク　シ　ー
タクシー 택시

ギ　タ　ー
ギター 기타

타조의 부리와 머리, 긴 목이
夕와 닮았어요.

비슷하게
생겼어요

ク vs 夕

가타카나 ク의 안쪽에 획을 하나 더 그으면 夕가
됩니다.

치 [chi]

손으로
익혀요

チ チ チ

チキン 치킨

チーズ 치즈

가슴지느러미를 쫙 펼치고 하늘로 튀어오르는
날치의 모습이 チ와 닮았어요.

어떤 안주를 좋아하나요?

치 킨	치 - 즈	코 록 케
チキン	**チーズ**	**コロッケ**
치킨	치즈	크로켓

タ
チ
ツ
テ
ト

츠 [tsu]

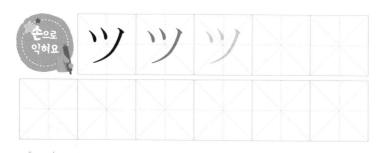

손으로 익혀요

ツ ツ ツ

ツナ 참치

ツアー 투어, 여행

좋은 일이 있는지 캐스터네츠가 기분 업! 웃는 눈과 귀에 걸린 입이 ツ와 닮았어요.

シ vs ツ

비슷하게 생겼어요

가타카나 シ와 ツ는 히라가나 し와 つ 위에 각각 겹친 뒤, 히라가나의 획순을 떠올리면 구별하기 쉽습니다.

し를 보면, 위에서 아래로 써내려가다가 아래에서 위로 써올리지요. シ도 마찬가지입니다. 점을 위에서 아래로 찍고, 세 번째 획을 아래에서 위로 올려 주세요.

つ를 보면, 왼쪽에서 오른쪽으로 선을 긋다가 자연스럽게 아랫쪽으로 내려 주지요. ツ도 점을 왼쪽에서 오른쪽으로 찍고, 세 번째 획을 위에서 아래로 내려 줍니다.

タ
チ
ツ
テ
ト

テ [te]

손으로
익혀요

テ	テ	テ		

テーブル　테이블, 탁자

テレビ　텔레비전

원형 테이블 모양이 テ와 닮았어요.

여행갈 때 숙박업소, 어느 것을 선호하나요?

 HOTEL

호 테 루
ホテル

호텔

Hostel

호 스 테 루
ホステル

호스텔

タ

チ

ッ

テ

ト

토 [to]

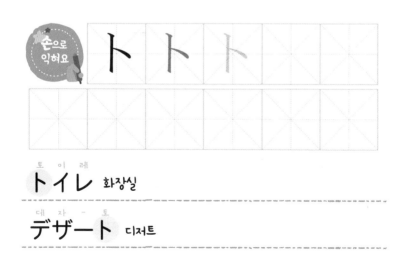

ト イ レ
トイレ 화장실

데 자 - 토
デザート 디저트

토하는 소년의 얼굴이 ㅏ와 닮았어요.

어떤 디저트(デザート)를 좋아하나요?

マカロン

마카롱

プリン

푸딩

パフェ

파르페

나 [na]

손으로 익혀요

ナ ナ ナ

ナイフ 나이프, 칼

アナウンサー 아나운서

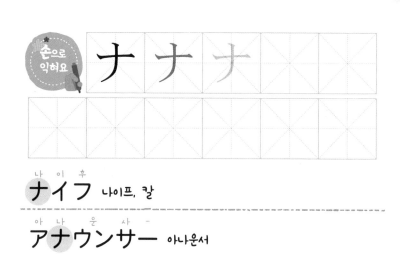

 나비의 모양이 ナ와 닮았어요.

チ vs ナ

チ에서 첫 번째 획을 빼면 ナ가 됩니다.

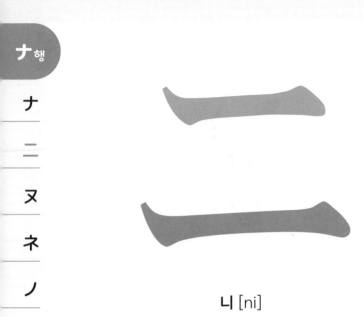

니 [ni]

손으로
익혀요

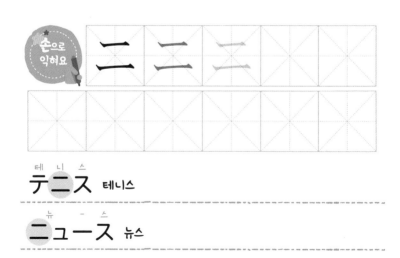

テニス 테니스

ニュース 뉴스

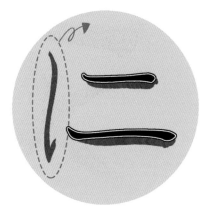

히라가나 に에서
세로 획을 빼면 二가 됩니다.

こ vs 二

히라가나 こ는 선이 부드러운 곡선형입니다. 가타카나
二는 선이 쭉 뻗은 직선형입니다. 한자 '二(두 이)'와
닮았습니다.

누 [nu]

손으로 익혀요

ヌ ヌ ヌ

ヌードル 누들, 면

カヌー 카누

150

カヌ의 윗부분이 ヌ와 닮았어요.

ス vs ヌ

ス는 한글의 'ス'과 모양이 비슷합니다.
ヌ는 두 번째 획이 첫 번째 획을 통과합니다.

네 [ne]

손으로
익혀요

ネ　ネ　ネ

인 타 - 넷 토
インターネット 인터넷

네 쿠 타 이
ネクタイ 넥타이

 최씨네로 ㅊ를 외워 봅시다.

 이렇게도 외워 봐요

넥타이는 일본어로 **ネクタイ**(네쿠타이)라고 합니다.
넥타이의 모양도 ㅊ와 비슷해요!

ナ행

ナ
ニ
ヌ
ネ
ノ

노 [no]

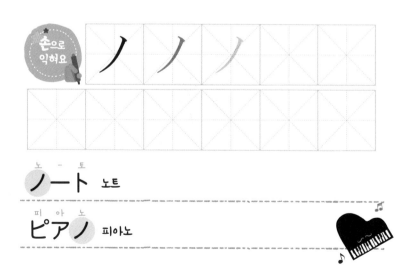

ノート 노트

ピアノ 피아노

154

노래의 ノ는 높은음자리표를
떠올리며 외워 봅시다.

の vs ノ

히라가나의 の에서 가운데 사선만 떼어 내면
ノ가 됩니다.

하 [ha]

손으로
익혀요

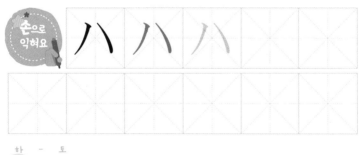

하 ー 토
ハート 하트

항 카 치
ハンカチ 손수건

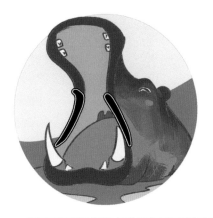

입을 쩍 벌린 하마가 ハ와 닮았어요.

바람에 날리는 하의(치마) 모양이 가타카나 ハ와
닮았어요.

히 [hi]

손으로
익혀요

ヒ ヒ ヒ

ヒーター 히터

コーヒー 커피

눈으로
익혀요

의자에 앉을 때는 ㄴ 모양이 되도록
히프(엉덩이)를 의자 안쪽으로 깊숙이
밀어 넣은 채 허리를 쭉 펴고 팔은
편하게 팔걸이에 올려 주세요.

커피(コーヒー)는 어떻게 마시나요?

"커피는 무조건
차갑게!"

아 이 스 코 - 히 -
アイスコーヒー

아이스 커피

"커피는 무조건
따뜻하게!"

홋 토 코 - 히 -
ホットコーヒー

따뜻한 커피

ハ

ヒ

フ

ヘ

ホ

후 [fu]

손으로
익혀요

フ フ フ

왓 후 루
ワッフル 와플

후 라 이 도 포 테 토
フライドポテト 감자 튀김

낭떠러지에서 번지점프를 하려니
무서워서 후덜덜 떨려요.

패스트푸드 식당에서 즐겨 먹는 사이드 메뉴는 무엇인가요?

코온 사라다 **コーンサラダ** 콘샐러드	후라이도포테토 **フライドポテト** 감자 튀김	나 겟 토 **ナゲット** 너깃

ハ行

ハ
ヒ
フ
ヘ
ホ

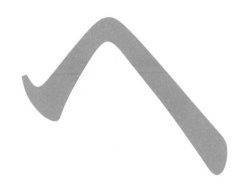

헤 [he]

손으로
익혀요

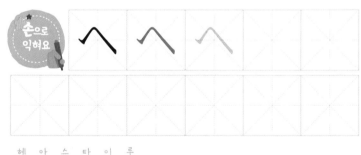

ヘアスタイル 헤어스타일
헤 아 스 타 이 루

ヘルメット 헬맷
헤 루 멧 토

162

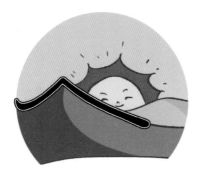

산 너머 해가 뜨고 있어요.

산의 능선이 へ와 닮았어요.

히라가나와 가타카나로 얼굴을 만들어 봅시다.

ユ へ の も し

호 [ho]

손으로
익혀요

ホ ホ ホ

^홋 ^토 ^케 ^ー ^키
ホットケーキ 핫케이크

^호 ^ー ^무
ホーム 지하철 승강장

호랑이의 매서운 눈매와 코,
얼굴 무늬가 ホ와 닮았어요.

オ vs ホ

オ의 오른쪽에도 왼쪽처럼 사선을 그어
대칭을 만들어 주면 ホ가 됩니다.

マ행

マ
ミ
ム
メ
モ

마 [ma]

손으로
익혀요

マ マ マ

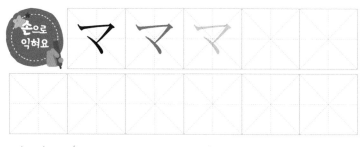

マラソン 마라톤

トマト 토마토

눈으로 익혀요

물병을 들고 열심히 달리는 마라톤 선수의 팔 모양이 マ와 닮았어요.

ア vs マ

ア는 두 번째 획이 길게 쭉 내려옵니다.
マ는 두 번째 획의 길이가 짧습니다.

비슷하게 생겼어요

フ vs マ

장거리를 달리는 '마'라톤에서 물(マ의 아래 점)이 없으면 다리가 '후'들거리겠죠? マ에서 아래 점을 빼면 フ가 됩니다.

ミ [mi]

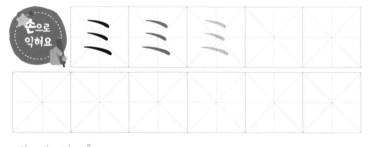

ミ サ イ ル
ミサイル 미사일

ミ ス テ リ ー
ミステリー 미스터리

45도 각도로 발사되는
미사일 세개가 三와 닮았어요.

어떤 장르의 이야기를 좋아하나요?

미 스 테 리 -
ミステリー
미스터리

로 맨 스
ロマンス
로맨스

사 이 엔 스 · 휘 크 숑
サイエンス・フィクション
SF(공상 과학)

マ

ミ

ム

メ

モ

무 [mu]

ム ム ム

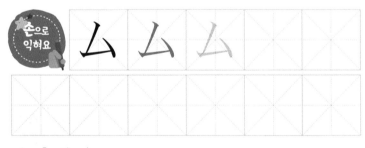

オムレツ 오믈렛

ゲーム 게임

무릎 꿇고 야단맞는 소년의
다리 모양이 ム와 닮았어요.

어떤 라이스(ライス, 밥)를 좋아하나요?

오 무 라 이 스 **オムライス** 오무라이스	카 레 - 라 이 스 **カレーライス** 카레라이스	하 야 시 라 이 스 **ハヤシライス** 하이라이스

マ행

マ
ミ
ム
メ
モ

메 [me]

メ　メ　メ

メ
ニュー　메뉴

メール　이메일, 휴대전화 문자

풀잎 위에 앉아 있는
메뚜기가 **メ**와 닮았어요.

ノ vs **メ**

어떤 경우라도 아이들에게 매(メ)를 드는 것은 노(ノ)!
ノ의 중간 부분에 비스듬히 가로지르는 짧은 선이
놓이면 メ가 됩니다.

マ
ミ
ム
メ
モ

모 [mo]

손으로
익혀요

モ　モ　モ

メモ 메모

モデル 모델

174

히라가나 も(모)에서 하나 남은
머리카락까지 뽑아 버리면 モ가 됩니다.

메모(メモ)나 낙서(らくがき)를 할 때는?

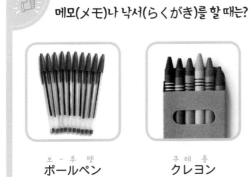

ボールペン
보-루펭
볼펜

クレヨン
쿠레용
크레용

シャーペン
샤-펭
샤프펜슬

야 [ya]

손으로
익혀요

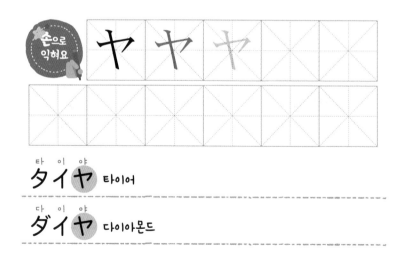

타 이 야
タイヤ 타이어

다 이 야
ダイヤ 다이아몬드

야자수에 앵무새가 있으면 히라가나 や, 앵무새가 날아가 버리면 가타카나 ヤ가 됩니다.

や vs ヤ

히라가나 や은 3획, 점이 하나 더 있고 가타카나 ヤ는 총 2획입니다.
가타카나 ヤ는 히라가나 や에 비해 가로획의 끝이 날카롭습니다.

비슷하게 생겼어요

セ vs ヤ

セ는 두 번째 획을 직각으로 구부려 줍니다. ヤ는 두 번째 획을 비스듬하게 쭉 내려 줍니다.

유 [yu]

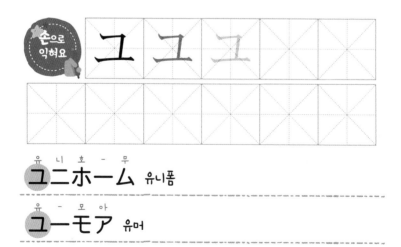

ユニホーム 유니폼

ユーモア 유머

도시 총각: 야자수 열매가 크네요.

시골 청년: 그러네유.

그는 한글 '그'와 닮았어요.

グ vs グ

グ는 한글의 'ㄷ'을 뒤집어 놓은 모양이고,
グ는 한글의 '그'와 닮은꼴입니다. グ가 ク에 비해
마지막 획이 깁니다.

요 [yo]

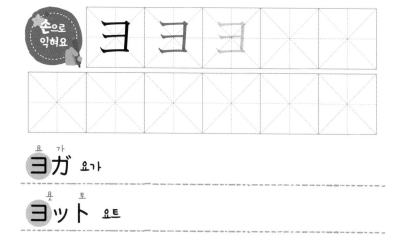

ヨガ 요가

ヨット 요트

도시 총각 : 야자수 열매가 크네요.

시골 청년 : 그러네유.

ㅋ는 한글 'ㅋ'와 닮았어요.

ㄱ vs ㅋ

ㄱ는 한글의 'ㄷ'을 뒤집어 놓은 모양이고,
ㅋ는 한글의 'ㅌ'을 뒤집어 놓은 모양입니다.
ㅋ가 ㄱ에 비해 가로획이 하나 더 많습니다.

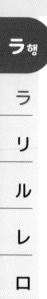

ラ행

ラ
リ
ル
レ
ロ

라 [ra]

손으로
익혀요

ラ ラ ラ

ラーメン 라면

ドラマ 드라마

맛있는 라면을 후루룩,
라면 그릇과 젓가락 모양이
ラ와 닮았어요.

♪ ラ, ラ, ラ 자로 시작하는 동물은? ♫

라 이 옹
ライオン
라이언, 사자

라 쿠 다
ラクダ
낙타

라 무 히 쯔 지
ラム(ひつじ)
양

ラ行

ラ
リ
ル
レ
ロ

リ [ri]

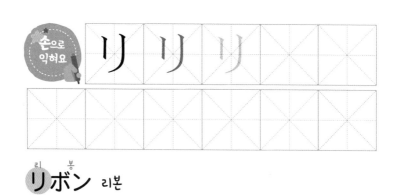

손으로
익혀요

リボン 리본

リサイクル 재활용

 곰돌이 인형의 리본이 リ와 닮았어요.

り vs リ

히라가나 **リ**와 가타카나 **リ**는 매우 닮았지만
가타카나의 선이 좀 더 반듯합니다.
히라가나의 **リ**는 2획이지만, **り**의 모양으로 흘려서
1획으로 쓰기도 합니다.

ラ행

ラ

リ

ル

レ

ロ

ル

루 [ru]

손으로 익혀요

ル ル ル

비 - 루
ビール 맥주

비 루
ビル 빌딩

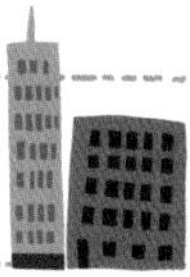

 루돌프의 뿔 모양이 **ル**와 닮았어요.

이렇게도 외워 봐요

$$\overset{노}{ノ} + \overset{레}{レ} = \overset{루}{ル}$$

ル는 ノ와 レ가 합쳐진 모양입니다.
노(ノ)래(レ)를 좋아하는 루(ル)돌프로 외우면
좀 더 쉽게 기억할 수 있습니다.

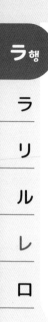

ラ행

ラ
リ
ル
レ
ロ

레 [re]

손으로
익혀요

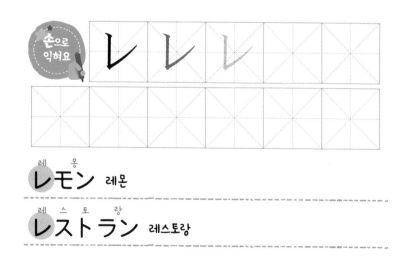

レモン 레몬

レストラン 레스토랑

피곤할 땐 레몬으로 비타민 섭취!
자른 레몬 한 조각의 단면이 レ와
닮았어요.

비타민이 필요할 땐?

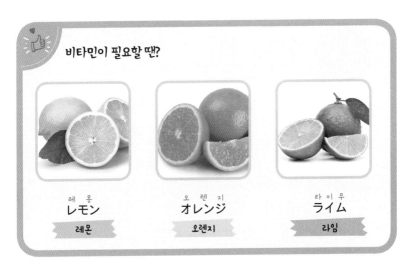

레몽
レモン
레몬

오렌지
オレンジ
오렌지

라이무
ライム
라임

ラ
リ
ル
レ
ロ

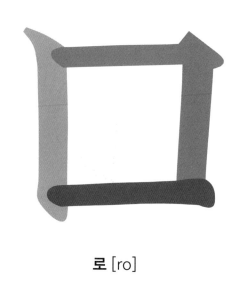

ロ [ro]

손으로
익혀요

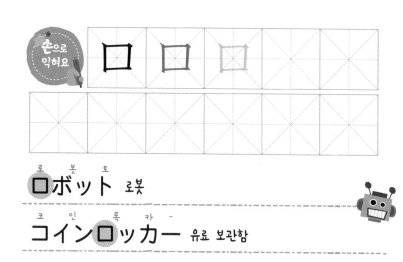

ロボット 로봇

コインロッカー 유료 보관함

로봇의 몸통 모양이 ロ와 닮았어요.

어떤 영화 장르를 좋아하나요?

아 ㅋ 숀
アクション

액션

코 메 디 ー
コメディー

코미디

호 라 ー
ホラー

호러

ワ

ヲ

ン

와 [wa]

손으로
익혀요

ワ ワ ワ

ワイン 와인

タワー 타워

192

와인잔의 모양이 ワ와 닮았어요.

ウ vs ワ

머리에 손잡이가 있으면 ウ,
없으면 ワ가 됩니다.

비슷하게
생겼어요

ク vs ワ

ク는 ワ에 비해 폭이 좁고 약간
기울어져 있습니다. ワ는 ク에 비해
폭이 넓습니다.

오 [o]

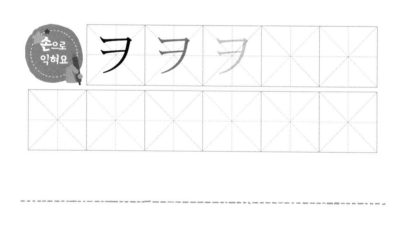

손으로
익혀요

ヲ ヲ ヲ

194

앙 다문 오리 부리 모양이
ㅋ와 닮았어요.

 ㅋ를 사용하는 단어는 없지만, 인명이나 회사명 등
고유명사에는 사용하기도 합니다.

 フ vs ヲ

우리말의 'ㄱ'과 닮은 것은 フ, 우리말의 'ㅋ'과 닮은 것은
ヲ입니다. ヲ에서 가운데 가로획을 빼면 フ가 됩니다.

ワ

ヲ

ン

응 [n]

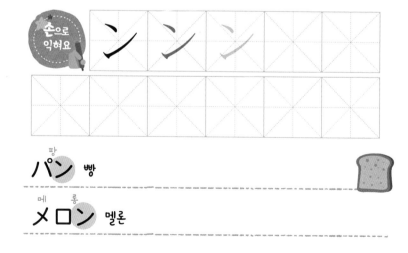

パ^팡ン 빵

メ^메ロ^론ン 멜론

196

 '응!'의 모양이 ン과 닮았어요.

ソ vs ン

비슷하게
생겼어요

ソ는 두 번째 획이 위에서 아래로 내려가고 ,
ン은 두 번째 획이 아래에서 위로 올라갑니다.

확인문제

다음에 늘어놓은 카드 중 히라가나와 가타카나의 발음이 같은 것끼리 선으로 연결해 보세요.

ん　あ　つ　し　ぬ　よ　く　を　そ　う　ら　わ　て　ま

ツ　テ　ン　ク　ワ　ソ　ラ　シ　ヌ　マ　ヲ　ウ　ア　ヨ

부록

탁음濁音과 반탁음半濁音

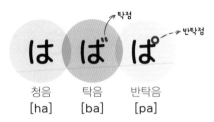

탁점 → ば
반탁점 → ぱ

は   ば   ぱ

청음   탁음   반탁음
[ha]   [ba]   [pa]

글자의 오른쪽 위에 탁점(ﾞ)을 붙인 글자를 **탁음**이라고 하고, 반탁점(ﾟ)을 붙인 글자를 **반탁음**이라고 합니다. 탁점이나 반탁점이 붙으면 글자의 발음이 달라집니다. 탁음은 청음에 비해 탁한 소리를 내며, 반탁음은 센소리를 냅니다. 탁점을 붙일 수 있는 글자는 **か**행, **さ**행, **た**행, **は**행으로 한정되며, 반탁점을 붙일 수 있는 글자는 **は**행뿐입니다.

탁음				반탁음
が [ga]	ざ [za]	だ [da]	ば [ba]	ぱ [pa]
ぎ [gi]	じ [ji]	ぢ [ji]	び [bi]	ぴ [pi]
ぐ [gu]	ず [ju]	づ [ju]	ぶ [bu]	ぷ [pu]
げ [ge]	ぜ [ze]	で [de]	べ [be]	ぺ [pe]
ご [go]	ぞ [zo]	ど [do]	ぼ [bo]	ぽ [po]

[kiya]　　　　[kya]　[kyu]　[kyo]

요음은 **い**와 거의 사용하지 않는 **ぢ**를 제외한 **い**단에 반모음인 **や, ゅ, ょ**를 작게 써서 붙여 만든 글자입니다. 요음은 두 글자이지만 한 글자, 한 음절로 발음합니다.

	や	**ゅ**	**ょ**
き	きゃ [kya]	きゅ [kyu]	きょ [kyo]
し	しゃ [sha]	しゅ [shu]	しょ [sho]
ち	ちゃ [cha]	ちゅ [chu]	ちょ [cho]
に	にゃ [nya]	にゅ [nyu]	にょ [nyo]
ひ	ひゃ [hya]	ひゅ [hyu]	ひょ [hyo]
み	みゃ [mya]	みゅ [myu]	みょ [myo]
り	りゃ [rya]	りゅ [ryu]	りょ [ryo]

촉음 促音(そくおん)

か행, ぱ행, さ행·た행 앞에 つ를 작게 표기한 っ를 **촉음**이라고 합니다. 우리 말의 받침과 비슷한 역할을 하는 것으로 뒤에 오는 음에 따라 [-ㄱ], [-ㅂ], [-ㅅ]으로 발음합니다. 요음과 달리 っ는 한 박자로 발음합니다.

-ㄱ	にっき 일기	ねっこ 나무 뿌리
-ㅂ	しっぽ 꼬리	いっぱい 가득
-ㅅ	けっせき 결석	なっとう 낫토

(닉끼) にっき / (넥꼬) ねっこ / (십뽀) しっぽ / (입빠이) いっぱい / (켓세끼) けっせき / (낫또-) なっとう

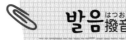

발음 撥音(はつおん)

ん

발음은 ん을 말합니다. 촉음 っ와 마찬가지로 우리말의 받침과 비슷한 역할을 하는데 뒤에 오는 글자에 따라 [-ㄴ], [-ㅁ], [-ㅇ], [ㄴ과 ㅇ의 중간 소리]로 발음합니다. ん은 한 박자로 발음합니다.

-ㄴ	かんじ 한자	もんだい 문제
-ㅁ	どんぶり 덮밥	かんぱい 건배
-ㅇ	まんが 만화	でんき 전기, 불
ㄴ과 ㅇ 사이	おでん 어묵	でんわ 전화

(칸지) かんじ / (몬다이) もんだい / (돔부리) どんぶり / (캄빠이) かんぱい / (망가) まんが / (뎅끼) でんき / (오뎅) おでん / (뎅와) でんわ

장음 長音 ちょうおん

장음은 각 단의 글자 뒤에 모음인 **あ, い, う, え, お**가 오면, 앞 글자를 두 박자로 길게 발음하는 것을 말합니다.

あ단 + あ	おか**あ**さん _{오까-상} 엄마, 어머니
い단 + い	おに**い**さん _{오니-상} 오빠, 형
う단 + う	ふ**う**せん _{후-셍} 풍선
え단 + え, い	おね**え**さん _{오네-상} 언니, 누나 せんせ**い** _{센세-} 선생(님)
お단 + お, う	ほ**お** _{호-} 뺨, 볼 おと**う**さん _{오또-상} 아빠, 아버지
가타카나의 장음 부호「ー」를 사용	ビ**ー**ル _{비-루} 맥주

확인문제 정답

あ か さ た な は ま ら

り み ち に ひ い き し

う む ふ く す る つ ぬ

け へ せ て え ね れ め

も の そ お と こ ほ ろ

가타카나

ん

あ
つ
し
ぬ
よ
く
を
そ
う
ら
わ
て
ま

ツ
テ
ン
ク
ワ
ソ
ラ
シ
ヌ
マ
ヲ
ウ
ア
ヨ